NOTICES

SUR LA

BANQUE COOPÉRATIVE POPULAIRE

DE PADOUE

PUBLIÉES EN OCCASION

DE

L'EXPOSITION UNIVERSELLE DE PARIS

EN 1889

Suivies de Tables Statistiques

PADOUE
IMPRIMERIE DE LOUIS PENADA
1889

C'est la troisième fois que la « Banque Populaire de Padoue » prend part à une exposition

À Milan, nous ne sommes intervenus qu'avec des Tableaux indiquant les principales opérations accomplies, et à Turin de nouveau avec des Tableaux, mais alors illustrés par une Monographie.

Il s' agissait d' Expositions Nationales. Maintenant, qu' on nous passe l'expression, fiers des progrès accomplis, et des résultats obtenus, nous avons l' audace de concourir à une Exposition Internationale.

Beaucoup de details qu' il était nécessaire, selon nous, d' indiquer pour l' Exposition de Turin, pourraient toutefois ne pas intéresser au même degrès, dans une Exposition Universelle.

Voila pourquoi nous nous bornons dans cette Notice, à faire connâitre les principes qui nous ont toujours guidés, et à donner quelques éclaircissements sur les Tableaux statistiques, que nous joignons, priant ceux qui désirent connâitre aussi les details, de vouloir se donner la peine d'examiner la Monographie (1) que nous avons publiée pour l'Exposition de Turin, et que l'on trouvera parmi les volumes exposés, contenant tout ce qui à étè publié par la Banque, depuis sa fondation.

Nous tàcherons en même temps d'ajouter quelques considérations qui metteront mieux en évidence les résultats obtenus.

Notre Banque a été fondée vers la fin de 1866, après celles de Lodi et de Milan, par le Commandeur Luzzatti, qui pendant plusieurs années en a été le Vice président et que nous avons aujourd'hui encore l'honneur de pouvoir appeler notre Président honoraire.

Les Statuts ont étés remaniés plusieurs fois, mais specialment en 1883, après la publication du nouveau Code de Commerce pour y ajouter les dispositions qui manquaient, voulant être rangés parmi les sociétés coopératives.

Ces conditions, du reste assez connues, sont le Capital variable, l'admission des actionnaires approuvée par le Conseil, les actions nominatives, ne pouvant être transferées sans le consentement du Conseil d'Administration, la limite du Capital actions, qui peut être possedé par chaque associé, le devoir de choisir les administrateurs et les Syndics parmi les actionnaires, la faculté d'accorder des prêts sous la garantie des

(1) Banca Cooperativa Popolare di Padova. Monografia, anno 1884.

propres actions, et le droit à une seule voix quelque soit le nombre des actions possedées.

Ces principes fondamentaux, qui formaient déjà en grande partie la base des Statuts de plusieurs Banques Populaires existantes, avaient été suggerés la prémiére fois que les Banques Populaires se réunirent en congrés à Milan, en Avril 1877, comme étant les principales dispositions à introduire dans le nouveau Code de Commerce, pour caractériser les Sociétés Coopératives.

Mais nos statuts, comme d'ailleurs beaucoup de statuts d'autres Banques Populaires, contiennent d'autres dispositions, non moins importantes et que nous estimons utile de faire apprécier.

1.er Pour conserver scrupuleusement son caractère de mutualité, excepté les versements en depôts et comptes courants, elle ne fait pas d'opérations avec qui n'est pas associé; on trouvera trés justifiée cette exception si l'on réflechit avant tout, à la nécessité d'accepter l'argent des riches, pour pouvoir en accorder aux emprunteurs, ensuite parce que pour obtenir un prêt, on devient facilment actionnaire, tandis que l'on ne souscrirait pas une action, pour apporter de l'argent, lorsque toutes les Banques sont bien aises d'en recevoir sans cette condition.

2.d Toutes les petites opérations doivent avoir la priorité sur les grandes, et le nombre des petites opérations inférieures à mille lires qui selon le tableau annexe forment les 5 septiémes du total est là pour prouver comment nous avons exécuté cette disposition.

ANNÉES	Inférieurs à 100 Lires	De 101 à 500 Lires	De 501 à 1000 Lires	Superieurs à 1001 Lires	TOTAL
1867	92	119	39	55	305
1868	128	317	148	650	1,243
1869	212	361	205	794	1,572
1870	128	580	251	325	1,284
1871	82	719	348	812	1,961
1872	123	916	422	905	2,366
1873	141	1193	758	1629	3,721
1874	114	1967	1342	2045	5,468
1875	149	2714	1312	2308	6,483
1876	198	2301	1554	2676	6,729
1877	240	2838	1936	2150	7,164
1878	319	2793	1936	2329	7,377
1879	330	2666	1791	2481	7,268
1880	672	2786	2431	1995	7,884
1881	938	3260	2012	1639	7,849
1882	2014	2269	2127	1685	8,095
1883	1966	2144	2827	2097	9,034
1884	341	3416	2710	2736	9,203
1885	489	2921	3414	2593	9,417
1886	672	3201	4007	3331	11,141
1887	767	3196	4647	3573	12,183
1888	863	3144	4816	4086	12,909
Total	10,908	45,821	41,033	42,894	140,655

3.° Le fond de réserve ordinaire est fixè au tiers au moins du Capital Social, tandis que la préscription légale est d'un quart.

4.° On a établi qu'avec l'excédant des valeurs au 31 Décembre de chaque année, en relation à l'année prècedente, doit être formé un fond de rèserve, pour combler, le cas échéant, le déficit éventuellement produit, par les oscillations des valeurs.

Cette idée que nous avons pour les prémiers signalée, a été bientôt suivie par beaucoup d'autres Banques Populaires. C'est, à notre avis, un point capital pour caractériser la diffèrence entre nos Institutions, et les Banques de Crédit ordinaire. Les Banques Populaires, avec de la prévoyance tâchent de consolider l'avenir; le plus grand nombre des autres, profitent de tous les benéfices pour grossir les dividendes.

5.° Un autre fond de réserve doit être constitué, et il est déjà en bonne voie de formation, dans le but de pourvoir, le cas échéant, à repartir un dividende de 5 % lorsque les bénéfices annuels ne le permettraient pas.

6.° La gratuité absolue des charges de tous les administrateurs, ainsi que des Syndics, et des autres fonctionnaires.

Enfin pour que le patrimoine de la Banque ne soit jamais à la merci des administrateurs, c'est l'assemblée générale qui fixe toutes les années, le maximum des sommes, qui pourront être employées soit en Compte Courant, chez les principales Institutions de Crédit, soit en Valeurs de l'Etat on garanties par l'Etat, ou émises par les Provinces ou les Communes *(articles 16 et 62 des Statuts).*

Nous ne parlerons pas des dispositions réglémentaires, ni de celles prises pour éviter toute sorte d'abus, car cela nous menerait trop loin et aussi parce que nous les avons exposées en detail, dans la Monographie dont nous avons déjà parlè.

Et plus encore que par disposition Statutaire, pour rester fidèles aux principes, qui ont donné naissance à nos Institutions, nous avons toujours mis nos soins, pour venir en aide aux classes deshéritées, soit de la ville, soit de la campagne, et tous les documents exposès sont là pour en faire témoignage.

Mais plus spécialement, pour ce qui touche la campagne, et par conséquent l'agriculture et l'industrie agricole, nous prions de vouloir examiner le prospectus ci-joint, d'après lequel on peut se rendre compte, et du nombre des membres, ainsi que de celui des opérations, et de leur montant, opérations faites, avec les petits propriétaires, les fermiers, metayers et les paysans.

	CONDITION des ASSOCIÉS	ASSOCIÉS et ACTIONS				PRÊTS et ESCOMPTES					
		Total partiel		Total général		Total partiel			Total général		
		Associés	Actions	Associés	Actions	Quantité	Somme		Quantité	Somme	
I	Petits agriculteurs (propriétaires, fermiers et métayers) . .	467	532			9,884	9,166,869	41			
II	Paysans	123	153			8,894	1,181,467	04			
III	Petits industriels et commerçants, artisans indépendants . .	1114	2697	3101	10,009	62,931	61,252,406	07	120,582	99,423,136	96
IV	Ouvriers	293	352			8,721	2,714,122	36			
V	Employés, maîtres d'école et exerçants une libre profèssion .	1104	6275			30,152	25,108,272	08			
VI	Grands agriculteurs (propriétaires et fermiers)	382	3537			6,704	40,575,038	19	6,704	40,575,038	19
VII	Grands industriels et commerçants	111	835	1323	11,952	5,383	26,556,905	59	13,370	50,911,617	18
VIII	Personnes sans profèssion determinée	830	7580			7,987	24,354,711	59			
			TOTAL	4424	21,961		TOTAL		140,656	190,909,792	33

Pendant que l'on discute sur le *Crédit Agricole*, probléme, que par la pubblication de la nouvelle Loi, (1) nous espérons voir approcher d'une solution, nous avons tâché d'y suppléer en accordant des sommes si importantes avec des renouvellements partiels, sous la simple garantie personelle, et pour de plus amples détails on pourra consulter la Monographie citée à la page 17 ainsi que le Compte Rendu du Congrés des Banques Populaires à Padoue a la page 99. (2)

(1) Legge 23 Gennaio 1887 N. 4276 (Serie 3a) riguardante l'ordinamento del Credito Agrario.

(2) Extrait du Compte rendu du Congrès des Banques Populaires à Padoue.
Il cav. *Trieste*. La Banca Popolare di Padova ha potuto, sino a che vigeva nelle Provincie venete il Codice Austriaco, fare numerose operazioni sopra pegno. Però le sovvenzioni verso pegno di derrate incontravano sempre le stesse difficoltà che già furono accennate, riuscivano invece assai più facili i prestiti contro pegno di animali: di queste operazioni ne furono fatte nel decennio 1867-1876 ben 67 per l'importo di più che 87,000 Lire. Gli animali si lasciavano in custodia dello stesso proprietario, il quale ne era garante quale sequestratario. Alcune volte per maggiore cautela si esigeva dal mutuatario il deposito della polizza di assicurazione del bestiame. Questo sistema non ha gli inconvenienti del pegno su derrate, non obbliga a spese di trasporto, mette l'agricoltore nella possibilità di ottenere il prestito senza dar notizia dei propri affari, senza richiedere una seconda firma, ottenuta spesse volte a caro prezzo. Ma il Codice Italiano rende assai difficile se non impossibile il credito reale all'agricoltura, e sotto questo punto di vista una qualche modificazione legislativa sarebbe indispensabile, poichè, sebbene le Banche Popolari possano rendere grandi servigi all'industria agricola col credito personale, non si deve trascurare l'altro modo di sovvenzione sopra pegno.

La Banca Popolare di Padova e nella sede e nell'Agenzia di Bovolenta ha largito in abbondanza il credito alle classi agricole: basti a provarlo la proporzione degli agricoltori nel numero totale dei soci. Sopra 3122 soci della Banca ben 1825 sono grandi e piccoli agricoltori, contadini, lavoranti della terra: questi ultimi sono 252 tra uomini e donne *chiusuranti* e fittaiuoli. Nel 1870 (da quell'epoca soltanto furono separate nei resoconti della Banca le operazioni a seconda della professione dei soci), furono fatti 123 prestiti per L. 142,947 con una media di L. 1162; nel 1871, 252 prestiti per L. 319,654 con una média di L. 1268; nel 1872, 451 prestiti per L. 983,356 con una

Il y a cependant un fait spécial à citer, et qui va donner une idée de l'interêt que nous avons démontrè aux classes agricoles.

En 1882 notre Province à étè ravagée par une innondation exceptionelle. Le gouvernement pour soulager, au moins en

media di L. 2180: nel 1873, 994 prestiti per L. 1,425,948 con una media di L. 1434; nel 1874, 1489 prestiti per L. 1,894,800 con una media di L. 1272; nel 1875, 1229 prestiti per L. 1,022,604 con una media di L. 832; nel 1876, 1200 prestiti per L. 512,478 con una media di L. 427; nel 1877 infine 1052 prestiti per L. 372,650 con una media di L. 354; la media sempre decrescente prova quanta cura siasi posta nello sminuzzare il credito, nel preferire le piccole alle grandi operazioni. Senza contare poi che molti dei Soci che s'inscrivono come possidenti sono anche agricoltori e che questi pure negli anni suindicati ebbero importanti somme a prestito dalla Banca. L'Agenzia di Bovolenta dal 1872, anno in cui fu fondata, sin al 1877 ha fatto operazioni per L. 2,041,824; ma, come fu già notato dallo stesso cav. Trieste, i risultati dell'Agenzia, buoni da principio, non furono troppo favorevoli coll'accrescersi degli affari e lo estendersi della sfera d'azione. Ritiene causa principale di ciò la organizzazione non tanto perfetta come quella delle succursali di Cremona e di Bergamo. Erano in allora da poco fondate le prime succursali di quella di Bergamo col sistema della responsabilità dei Soci locali e servì ad esempio l'ordinamento delle succursali della Banca di Lodi; le operazioni superiori alle 300 lire dovevano venir concesse soltanto dalla Sede: ma le informazioni del Comitato locale non furono sempre esatte, e la Banca dovette subire alcune perdite.

Non intende con ciò dire che quell'Azienda sia riuscita passiva poichè anzi quell'Azienda dal 1872 al 1877 ha sopperito alle spese di amministrazione, a distribuire fra i Soci di quel gruppo un dividendo eguale a quello della sede ed alle perdite per L. 10,897.91, residuando ancora un utile netto di L. 2,193.67. Disse essere rilevante la perdita suindicata più che guardata isolatamente paragonata a quelle sofferte dalla sede di Padova. Poichè questa in dodici anni di esercizio e sopra 62 milioni di sconti ebbe a perdere L. 0.67 per ogni 1000 lire scontate, e l'Agenzia di Bovolenta L. 5.31 per ogni 1000 lire.

Ma oltre che del piccolo utile netto rimasto, ed anzi assai più per questo, egli si rallegra che mercè la istituzione di quell'Agenzia fu sovvenuto quel centro esclusivamente agricolo con L. 2,041,824 nel corso di soli cinque anni, e che le operazioni fatte colà valsero più che qualunque eloquente perorazione alla diffusione del credito nelle nostre campagne, facendoci ottenere così uno dei più gran risultati morali che dobbiamo eminentemente curare.

partie, tant de malheurs fît approuver une Loi qui accordait des prêts, à des conditions privilégiées, à tous les endommagés; mais tandis que pour tous ceux qui pouvaient offrir des garanties matérielles, la tâche etait reservée à l'Administration Provinciale, on laissait aux banques populaires, le soin de stipuler tous les petits prêts, à garantie esclusivement personelle, et après l'assentiment de l'Assemblèe générale, nous avons pris la charge à forfait, moyennant une commission, pour contracter ces prêts et nous en avons stipulès 755 pour une somme de **L. 295,417.24** payable en dix ans, par échéances semestriélles, au même taux d' interêt que nous devions correspondre à la Province, sur la somme fournie par elle même (1).

Il est evident, il nous semble, que le seul but que se proposait la Banque dans cette affaire, était celui d' aider les petits propriétaires, et les cultivateurs, qui avaient vu leurs terres ravagées, par ce terrible désastre.

Pour ce qui a rapport aux associés de la ville, on trouvera dans le prospectus qui prècède, le nombre et les sommes des prêts, ainsi que le nombre et les sommes des escomptes, obtenus par les petits commerçants, et petits industriels, les ouvriers, les employès, les mâitres d'ècole, et par ceux qui exercent une libre profession.

Nous signalons aussi dans le susdit prospectus, à titre de

---

(1) Voir page 9 des comptes rendus de l'Assemblèe du 28 Fevrier 1886 tous les avantages que nous avons procurés aux emprunteurs.

comparaison, les opérations accomplies, avec les grands commerçants, et les grands industriels, qui tous auraient trouvé facile accès, auprès des grandes Banques; mais nous devons relever toute l'importance des crédits accordés aux prémiers, car c'etait tout ce monde là, qui avant la création de la Banque Populaire se trouvait à la merci des usuriers. Il est donc facile de calculer, tout le bénéfice apporté par la Banque, en accordant dans ces 22 ans, un crèdit de **99,423,136.96 lires**, à des personnes qui n'auraient trouvè à emprunter que quelque milliers de lires, tout au plus, et avec des sacrifices ènormes.

Mais parmi les petits cultivateurs, ainsi que parmi les ouvriers, il s' en trouvait qui devant avoir recours au crédit, n'ètaient pas en mésure d'epargner la somme qu'il fallait, pour se rendre acquéreurs d'une action. Et la Banque, voulant aussi les aider, sans déroger aux principes de la mutualité, a pour les premiers, formé un fond, à l'effet de leur livrer une action gratuite, au prix nominal de 50 lires, et pour les seconds, elle a fondé les prêts sur l'honneur, au profit des non actionnaires.

Bien que cette institution ne date que de 1880 (1) si nous voulions exposer en detail, toutes les modifications subies par le réglement, toute sa manière de fonctionner, nous ennuyerons probablement le lecteur, qui peut cependant les apprendre, en parcourant les documents exposés, ainsi que les publications,

(1) Voir parmi les documents la rélation et les discussions de l'Assemblèe du 21 Mars 1880.

et les communications faites à l'Accadémie, et à la Société d'Economie politique, par M. Léon Say, qui nous à honorés de sa visite avec le Sénateur Labiche, et qui a voulu, avec tant de bienveillance, rappeler nos efforts (1). Nous nous limitons donc à indiquer les principes qui la régissent, et à donner une idée des opérations accomplies.

Tous les membres des Sociétès de Sécours mutuel seulement, peuvent concourir aux prêts sur l'honneur. Adversaires de la théorie de la gratuité des prêts, on a arrêté que l'emprunteur doive corréspondre un interêt de 2 %, qui ne va pas cependant au bénéfice de la Banque, mais au profit d'un fond spécial de réserve, (2) formé par des prélèvements, que la Banque fait chaque année, sur ses bénéfices. Ce fond sert, avant tout, pour faire face aux pertes éventuelles, et après pour corespondre à la Banque même un escompte du 4 % sur les sommes prêtées. L'assemblée délibère la somme, qui pendant l'année courante peût être mise à disposition du Comité de vigilance, pour être employée en prêts sur l'honneur. Les débiteurs doivent restituer les sommes empruntées par des petits versements ebdomandaires.

---

(1) Dix Jours dans la Haute Italie " par M. Léon Say „ membre de l'Institut; Sénateur; Revue Gèographique Internationale, Livraison de Novembre 1886; Journal Officiel de la Republique Française 11 Decembre 1883 et 5 e 14 Jauvier 1884.

(2) Dans le premier réglement, si bien analysé par M. Léon Say, dans les publications citées, l'interêt etait accredité à un compte spécial, à l'effet d'acheter une action de la Banque, au profit de l'emprunteur; mais l'experience ayant demontrè qu'il aurait fallu au moins une vingtaine d'années, avant d'atteindre un tel rèsultat on a modifiè le règlement dans le sens indiquè.

La somme employée dans ces huit annèes s' élève a **L. 136,425.10,** les pertes liquidées à **L. 2285.45;** mais ce qui est remarquable c' est que, pendant la dernière année, sur **L. 16301.—** accordées, la perte n' est que de **L. 166.—** absolument justifiée pour cause de mort. Nous voulons espérer que ce sera l' inauguration d'une ère nouvelle pour cette insti tution si utile et si humanitaire.

Nous avons à parler encore d' une institution spéciale, fondée et administrée par le Conseil d'Administration de la Banque.

Elle nous a étè inspirée, par la lecture d' un livre de M.r Alfred de Courcy, Administrateur de la *Compagnie d'Assurances Générales*, dont nous déplorons la mort prématurée (1). C'est une Caisse de prévoyance au profit des employès et garçons de service de la Banque. La seule Banque Populaire de Milan nous à dévancés en Italie, en la fondant une année avant nous, mais nous croyons que la nôtre soit plus fidèle aux principes reccomandés par M.r de Courcy, prenant pour base des répartitions, les gages des employés.

La somme versée à cette Caisse par la Banque (un fond de dotation, et le 10% des bénéfices nets) (2) depuis sa fondation en 1876, ainsi que les sommes parvenues à la dite Caisse, pour interêts, et retenues sur les augmentations des gages, (3)

(1) L' institution des Caisses de prévoyance des fonctionnaires, employés et ouvriers par Alfred de Courcy, Administrateur de la Compagnie d'Asturances Générales.

(2) Article 29 des Statuts.

(3) Articles 4 du réglement de la Caisse de prévoyance.

est en total de **L. 183,262.67**, et le patrimoine au 31 Décembre 1888 se monte à **L. 136,460.78.**

La rélation qui précède le réglement, les discussions du Conseil d'Administration avant de l'adopter, ainsi que le réglement même, sont parmi les documents exposés (1). Pour démontrer comment s'est formé le patrimoine, autant que pour les liquidations survenues, jusqu'à la dernière année, nous prions de vouloir examiner le Tableau IX uni à cette publication, et qui contient des détails très intéressants.

Avec la caisse de prévoyance on avait assuré l'avenir des employés pour la vieillesse, ou en cas de mort, l'avenir des familles; mais le Conseil trouva qu'il n'était pas moins nécessaire, d'accorder pendant qu'il sont en actualité de service, une amélioration graduelle à la condition des employés, qui par leur dévouement, et par de longs services, contribuent essentiellement, à la bonne administration. Dans un tel but, il a déliberé d'accorder à tout employé, qui n'en démerite pas, une augmentation de gages, tous les trois ans.

La première de 5 %, la seconde et troisième de 10 % chaque fois, de telle sorte qu'aprés neuf années, ils pourront avoir leur gages augmentés de 25 %. Pour faire l'éloge mérité de nos employés, nous devons signaler, que sur 14 employés et facteurs, 7 auront droit, déjà dans trois ans, d'obtenir la dernière augmentation.

En nous résumant, disons, que nous avions la première an-

(1) Comptes rendus de l'Assemblée du 18 Février 1877 et Réglement de la Caisse de prévoyance.

née de la fondation **722** associés, nous en avons aujourd'hui **4424,** les Actions souscrites qui étaient **1154** sont à présent **21961.**

Le Capital qui était alors de **L. 57,700.**— est conséquemment monté à **1,098,050.**— Il y avait un seul fond de réserve ordinaire de **3352.84,** et aujourd'hui le fond de réserve ordinaire compte **375,200.86,** et nous avons aussi les deux autres fonds de réserve extraordinaires, dont nous avons expliqué la formation et la fonction et qui s'élevent, le premier à **L. 95,981.04,** le seeond à **L. 29,790.52.**

Les progrès sont encore plus frappants dans les opérations. Les depôts en Compte Courant qui étaient **L. 133,556.44** nous les trouvons au 31 Décembre 1888 montant à **Lires 6,262,361.90.**

Les prêts, escomptes et avances accordés pendant la première annèe ont été de **L. 342,028.92**, dans le courant de ces vingtdeux ans, les mêmes opérations, ont absorbé une somme de **L. 202,217,640.54**, et les effets réescomptés pendant la même periode, ont étè limités à une somme de **L. 20,044,745.89,** soit moins que le dixiéme, en moyenne, du portefeuille, et si sur la somme totale des crédits accordés nous avons perdu **L. 417,933.87,** soit moins de 1/4 %, nous ne croyons pas que l'on puisse en faire un grief aux administrateurs, si l'on voudra considerer, avec quels clients nous avons à faire, et lorsque malgré ces pertes, les bénéfices nets, sont en moyenne de 8 1/2 % net, sur la valeur nominale des actions.

Le mouvement de caisse, qui pendant la prèmière année, est de **L. 693,033.64,** a été pendant les vingtdeux ans, de **L. 922,226,578.52,** et le chiffre général des affaires, qui dans la première année, n'a pas dépassé **L. 1,830,827.08,** touche et dépasse, dans les vingtdeux ans, le chiffre des miliards, puisque il est monté à **L. 2,796,760,604.29.**

Tous les détails sur le développement graduel et progressif des diverses opérations, on le trouvera dans les tables statistiques, qui font partie de cette publication.

Parmi ces tables, il y en a une, où sont indiqués tous les divers taux d'escompte pratiqués, comparés avec ceux en vigueur aux mêmes dates, chez les Banques d'émission, ainsi que la mesure des interêts, servis aux déposants de toute sorte. Nous ajouterons que la Banque correspond un interêt plus élevé, au profit de toutes les institutions de prévoyance, qui tiennent chez elle un compte courant, et alloue tous les ans, comme il résulte de l'une des Tables, certaines sommes, pour des oeuvres de bienfaisance prévoyante, ou d'utilité publique.

Aprés tout cela nous croyons avoir demontré que notre Banque a bien rempli son rôle, qu'elle a consideré comme un devoir de consolider sa position, pour mieux venir en aide aux classes moins aisés, et nous pouvons dire avec orgueil, que s'il nous reste encore beaucoup à faire, pour le rejoindre complétement, nous avons cependant en grande partie, rejoint notre but; car, les services que nous avons rendus, sont incontestables, la confiance dont nous jouissons, est sans exception, soit dans notre ville, soit chez toutes les Banques Populaires de la Péninsule, avec lesquelles nous sommes en rélations d'amitié et d'affaires; soit enfin chez les principales Institutions de Crédit d' Italie et de l'étranger.

Nous ne saurions mieux terminer cette courte revue que par un voeu: que notre Banque puisse toujours s' inspirer à l'expérience des meilleures; qu' elle ne se lasse pas de dédier tous ses études à perfectionner d' avantage son organisation, et qu'elle sache toujours mieux développer tous les systèmes, qui peuvent concourir à soulager les classes desheritées sans jamais les flatter.

Padoue Avril 1889

Pour le Conseil d'Administration

LE PRÉSIDENT

MASO TRIESTE Rapporteur.

TABLES STATISTIQUES

I. Associés et Actions.

II. Capital actions et fonds de réserve.

III. Prêts et Escomptes.

IV. Prêts sur l'honneur.

V. Taux d'escompte et des intérêts.

VI. Depôts en compte courant et bons de caisse.

VII. Profits, frais et pertes.

VIII. Sommes allouées pour des oeuvres de bienfaisance prévoyante et d'utilité publique.

IX. Caisse de prévoyance pour les employés et garçons de service de la Banque.

X. Situations financieres annuelles de la Banque de 1867 à 1888.

TABLEAU I°

ASSOCIÉS ET ACTIONS

ANNÉES	Grands agriculteurs (propriétaires et fermiers)		Petits agriculteurs (propriétaires, fermiers et métayers)		Paysans		Grands industriels et commerçants		Petits industriels et commerçants, artisans indépendants		Ouvriers		Employés, maîtres d'école et exerçants une libre profession		Personnes sans profession déterminée		TOTAL		MOYENNE des actions possédées par chaque associé
	Associés	Actions	Associés	Actions	Associés	Actions	Associés	Actions	Associés	Actions	Associés	Actions	Associés	Actions	Associés	Actions	Associés	Actions	
1867	93	189	22	24	7	8	25	43	146	251	40	41	198	204	191	394	**722**	**1,154**	1 15/25
1868	96	203	28	33	9	11	31	55	187	343	44	50	213	307	202	431	**810**	**1,433**	1 19/25
1869	111	342	34	39	11	12	37	75	277	526	50	65	319	530	246	717	**1,085**	**2,306**	1 22/25
1870	130	413	39	44	12	14	51	93	314	582	60	70	379	581	274	879	**1,259**	**2,676**	2 3/25
1871	149	495	43	45	14	16	58	149	329	664	66	92	412	653	313	1060	**1,384**	**3,174**	2 7/25
1872	198	1412	45	46	15	17	64	332	451	1012	86	105	430	1712	428	2912	**1,707**	**7,548**	4 10/25
1873	239	1843	154	189	51	62	67	389	591	1365	158	191	528	3207	500	3777	**2,288**	**11,023**	4 20/25
1874	287	2181	303	338	101	112	73	465	742	1983	195	210	621	3549	594	4514	**2,916**	**13,352**	4 14/25
1875	321	2511	296	303	98	110	74	600	767	1748	216	261	676	4288	664	5164	**3,112**	**14,985**	4 20/25
1876	345	2944	308	319	102	106	77	602	822	1950	238	302	758	4699	714	6063	**3,364**	**16,985**	5 1/25
1877	398	3080	329	337	109	112	80	620	925	2095	264	327	876	5336	641	6367	**3,622**	**18,274**	5 1/25
1878	342	3040	343	355	114	118	84	731	1037	2235	280	350	923	5884	711	6578	**3,834**	**19,291**	5 1/25
1879	345	3169	309	321	104	107	83	728	1024	2340	264	335	922	6156	717	6948	**3,768**	**20,104**	5 8/25
1880	352	3187	300	383	103	128	87	720	1025	2352	258	315	939	6219	732	7020	**3,796**	**20,324**	5 8/25
1881	355	3198	315	397	105	132	83	816	1059	2375	258	324	968	6818	742	6982	**3,822**	**20,537**	5 9/25
1882	359	3186	342	424	113	141	83	800	1064	2410	253	304	987	6249	748	6942	**3,949**	**20,456**	5 4/25
1883	361	3190	369	431	115	143	86	807	1032	2346	251	301	1020	6084	764	7187	**3,998**	**20,489**	5 4/25
1884	369	3489	391	453	111	139	86	753	1076	2428	260	305	1046	6188	770	6981	**4,109**	**20,736**	5 1/25
1885	373	3503	413	473	115	145	89	781	1092	2457	272	320	1065	6096	807	7215	**4,226**	**21,020**	4 24/25
1886	377	3525	442	502	119	149	98	811	1099	2491	281	331	1092	6162	830	7370	**4,338**	**21,341**	4 22/25
1887	381	3533	460	520	121	151	108	828	1120	2722	291	347	1102	6245	833	7316	**4,416**	**21,662**	4 22/25
1888	382	3537	467	532	123	153	111	835	1114	2697	293	352	1104	6275	830	7580	**4,424**	**21,961**	5 25/25

NOTES

La division catégorique a été réglée selon les principes determinés par le Comité de l'Association entre les Banques populaires Italiennes, et par le Ministère d'Agricoltura, pour la publication des statistiques annuelles. — La répartition entre les diverses catégories a été inférée par les déclarations faites par les associés dans les demandes d'admission

TABLEAU II°

CAPITAL ACTIONS ET FONDS DE RÉSERVE

ANNÉES	MONTANT À LA FIN DE CHAQUE EXERCICE																	Prix d'émission des Actions
	CAPITAL Actions de L. 50 chaque			FONDS DE RÉSERVE												TOTAL GÉNÉRAL		
				ORDINAIRES (1)								EXTRAORDINAIRES						
	Quantité	IMPORT		PRIMES sur les actions (2)		TAXES d'admission et de transferte (3)		20 0/0 des bénéfices (4)		TOTAL		(5)		(6)				
1867	1154	57700	—	—	—	2884	—	468	84	3352	84	—	—	—	—	61,052	84	50
1868	1433	71650	—	—	—	3236	—	2268	84	5504	84	—	—	—	—	77,154	84	50
1869	2306	115300	—	—	—	4336	—	4068	34	8404	34	—	—	—	—	123,704	34	50
1870	2676	133800	—	1468	—	5108	—	7491	51	14067	51	—	—	—	—	147,867	51	55
1871	3174	158700	—	4070	—	6028	—	11492	91	21590	91	—	—	—	—	180,290	91	56
1872	7548	377400	—	30653	—	7616	—	22429	37	60698	37	—	—	—	—	438,098	37	58
1873	11023	551150	—	58441	—	10148	—	34443	27	103032	27	—	—	—	—	654,182	27	59
1874	13352	667600	—	79402	—	13168	—	51355	68	143925	68	—	—	—	—	811,525	63	61
1875	14985	749250	—	97411	—	14612	—	71493	18	183516	18	—	—	—	—	932,766	18	63
1876	16985	849250	—	123433	—	16220	—	93906	52	233559	52	—	—	—	—	1,082,809	52	64
1877	18274	913700	—	141679	—	18156	—	115842	58	275677	58	—	—	—	—	1,189,377	58	66
1878	19291	964550	—	157947	—	19756	—	139691	86	317394	86	—	—	—	—	1,281,944	86	66
1879	20104	1005200	—	174327	—	21128	—	139691	86	335146	86	—	—	—	—	1,340,346	86	66
1880	20324	1016200	—	177530	—	22304	—	139691	86	339525	86	—	—	—	—	1,355,725	86	66
1881	20537	1026850	—	180960	—	23344	—	139691	86	343995	86	—		—	—	1,370,845	86	66
1882	20456	1022800	—	179788	—	24396	—	139691	86	343875	86	20200	—	14789	42	1,401,665	28	66
1883	20489	1024450	—	180316	—	25812	—	139691	86	346319	86	20200	—	17650	37	1,407,620	23	66
1884	20736	1036800	—	184268	—	26448	—	139691	86	350407	86	25200	—	103150	76	1,515,558	62	66
1885	21020	1051000	—	188812	—	27600	—	139691	86	356103	86	25200	—	98524	78	1,521,828	64	66
1886	21341	1067050	—	193948	—	28852	—	139691	86	362491	86	25200	—	137746	34	1,592,218	20	66
1887	21662	1083100	—	199382	—	30008	—	139691	86	369081	86	25200	—	129154	78	1,606,536	64	67
1888	21662	1098050	—	204465	—	31044	—	139691	86	375200	86	29790	52	95981	04	1,603,260	06	67

NOTES

ARTICLES DES STATUTS

—

(1) Voir Article 30

(2) " " 15

(3) " " 8

(4) " " 29

(5) " " 31

(6) " " 32

TABLEAU III

PRÊTS ET ESCOMPTES

Années	Grands Agriculteurs (propriétaires et fermiers)					Petits Agriculteurs (propriétaires, fermiers et métayers)				
	Quantité	Sommes		Moyenne		Quantité	Sommes		Moyenne	
1867	—	—	—	—	—	15	13756	—	917	—
1868	97	270219	37	2817	62	85	57463		680	—
1869	108	597321	76	5799	21	124	96718	—	780	—
1870	90	651767	50	6281	00	67	65916	30	983	40
1871	173	985873	90	5698	60	98	129875	70	1325	25
1872	181	904765	95	6195	90	205	394183	80	1922	84
1873	207	1371626	15	6625	73	615	1018711	46	1663	64
1874	217	1687028	61	7776	17	1107	1584917	50	1877	52
1875	201	2161383	28	7157	76	951	1357812	40	1427	77
1876	313	2315763	81	7398	50	413	478318	29	1160	57
1877	301	2467886	26	8198	79	305	309151	80	1021	10
1878	320	2603314	13	8116	20	327	318594	90	974	30
1879	341	2718175	26	7972	00	213	175315	60	823	00
1880	309	2539140	08	8217	21	223	130671	20	585	92
1881	301	2017881	—	6703	75	361	147910	80	409	72
1882	323	2164917	15	6702	58	450	163216	73	357	03
1883	397	2105110	10	5529	22	518	301710	00	582	45
1884	409	2460741	16	6016	48	546	337411	21	617	97
1885	420	2463007	71	5864	30	550	478421	46	878	95
1886	624	2455088	35	3931	27	827	507191	75	613	29
1887	600	2593456	08	4325	76	913	613756	83	672	24
1888	675	2837751	87	4201	68	960	615980	80	609	70
Total	6704	40575088	19			9664	9166959	41		

Années	Paysans					Grands industriels et commerçants				
	Quantité	Sommes		Moyenne		Quantité	Sommes		Moyenne	
1867	25	2575	—	102	75	13	65210	86	4785	45
1868	50	4873	—	98	41	105	831415	93	8126	56
1869	56	5502		98	25	115	490118	99	4261	90
1870	50	5934	—	118	68	90	407773	42	4530	83
1871	68	7312	—	107	52	107	801326	75	7489	03
1872	79	8681	—	109	88	145	913279	39	6298	78
1873	211	25586	—	121	31	169	1047511	97	6198	29
1874	327	41702	—	127	50	189	1271418	22	6727	08
1875	314	39524	—	125	87	201	1637811	67	8148	82
1876	489	49786	—	102	72	234	1006418	34	4309	46
1877	507	54321	—	107	14	235	1231071	88	5242	44
1878	676	83107	—	119	97	201	1091479	17	5431	05
1879	508	60794	—	120	88	210	1093801	30	5208	58
1880	179	21141	—	110	94	261	1083217	34	4150	09
1881	482	57839	—	119	99	180	697412	29	3874	51
1882	507	60122	—	118	58	193	681180	17	3529	43
1883	541	65914	—	122	48	274	1217815	50	4444	57
1884	550	75224	02	136	77	290	1653710	50	5702	45
1885	560	95107	37	169	99	315	1836128	71	5828	98
1886	817	106022	48	129	77	509	2182071	68	4287	87
1887	871	123706	17	142	03	614	2551528	11	4155	58
1888	912	176900	70	193	97	665	3075601	59	4624	97
Total	8894	1181167	04			5325	26636906	59		

Années	Petits industriels et commerçants, artisans indépendants					Ouvriers				
	Quantité	Sommes		Moyenne		Quantité	Sommes		Moyenne	
1867	49	21406	79	436	88	104	12106	50	116	40
1868	254	92173	50	362	88	127	17315	75	136	34
1869	387	161507	35	409	01	140	22003	60	155	19
1870	302	214610	56	710	63	159	35710	—	224	63
1871	433	373899	05	862	21	245	56815	25	231	90
1872	530	377401	98	712	08	371	117891	50	315	—
1873	820	1011206	33	1233	42	410	192806	15	462	38
1874	1361	1299159	93	954	78	519	213710	60	460	57
1875	2261	2495521	17	1104	71	480	175818	25	365	24
1876	3020	3705107	55	1240	08	473	171812	90	363	23
1877	3667	4105729	35	1119	57	395	127910	80	323	82
1878	3815	4989608	75	1307	88	413	114706	—	277	—
1879	3921	4883040	85	1245	00	403	103010	80	261	05
1880	4550	4112091	30	913	20	405	95612	30	236	82
1881	4438	4387216	80	990	80	386	87106	30	227	02
1882	4501	4511734	46	1002	39	391	89711	60	229	44
1883	4479	4297519	90	959	50	488	107241	75	221	07
1884	4621	4551022	28	984	86	406	135741	16	334	33
1885	4731	4357503	63	921	05	415	159949	16	385	41
1886	4098	3072319	35	815	32	566	182042	88	321	63
1887	5024	3636076	80	724	72	619	211819	05	342	19
1888	5354	3651207	93	694	71	702	252250	76	318	50
Total	62251	61853400	97			8721	2711122	36		

Années	Employés, Maîtres d'école et exerçants une libre profession					Personnes sans profession déterminée				
	Quantité	Sommes		Moyenne		Quantité	Sommes		Moyenne	
1867	64	36518	10	570	17	38	51818	92	1304	41
1868	293	121012	45	413	01	235	428383	01	1822	90
1869	391	296811	78	760	78	251	780123	59	3108	00
1870	410	297218	64	708	09	154	313814	09	2032	61
1871	606	585189	90	967	21	232	793548	30	3420	46
1872	704	615271	60	874	35	147	947118	63	6412	98
1873	1017	937367	79	911	38	263	1353021	49	5106	77
1874	1616	1210313	37	751	74	342	1276191	20	3810	98
1875	1573	1300107	20	861	71	400	1535200	92	3764	03
1876	1551	1363271	00	851	66	245	1793054	80	7322	26
1877	1303	1335116	90	1021	56	233	1567600	38	6727	99
1878	1538	1510335	35	987	80	237	1690100	96	7131	41
1879	1483	1407100	40	965	41	218	1226700	70	5627	06
1880	1472	1287091	90	874	34	382	885407	67	2317	79
1881	1410	1007410	70	714	40	302	665863	51	2204	84
1882	1412	1100917	20	755	03	312	553919	53	1775	10
1883	1919	1389712	75	721	05	414	862034	42	2082	18
1884	2022	1558711	03	760	39	339	937583	82	2011	66
1885	2086	1507096	85	738	82	370	1045091	38	2827	01
1886	2228	1763700	97	791	01	812	1720220	40	2118	50
1887	2627	1998909	30	760	66	915	1919840	63	2097	64
1888	2497	2146061	50	859	47	1145	1932498	74	1687	77
Total	30152	25108272	08			7087	24354711	89		

Années	TOTAL				
	Quantité	Sommes		Moyenne	
1867	306	197,721	16	646	26
1868	1,243	1,328,936	61	1,069	15
1869	1,572	2,473,498	96	1,573	47
1870	1,284	2,002,774	51	1,559	79
1871	1,961	3,733,269	71	1,903	75
1872	2,366	4,396,506	25	1,858	24
1873	3,721	6,977,779	97	1,875	24
1874	5,466	8,554,732	71	1,564	50
1875	6,483	10,703,668	14	1,651	03
1876	6,720	10,965,487	71	1,629	58
1877	7.164	11,400,432	34	1,591	35
1878	7,377	12,410,216	85	1,682	28
1879	7,268	11,668,106	80	1,605	40
1880	7,884	10,186,552	97	1,297	12
1881	7,840	9,068,790	34	1,156	40
1882	8,085	9,338,411	06	1,153	60
1883	9,034	10,488,929	62	1,158	83
1884	9,203	11,707,746	33	1,272	18
1885	9,417	11,838,301	72	1,257	12
1886	11,141	13,118,397	85	1,177	32
1887	12,183	13,649,954	97	1,120	41
1888	12.909	14,721,265	94	1,140	38
Total	140656	190,909,792	33		

Notes

Dans la totalité des Prêts et des Escomptes sont compris les opérations suivantes:

a) de 1867 subventions moyennant gage de bétails et autres (Ces opérations cessèrent presque depuis la promulgation du Code Italien) pour . . . . . L. 90,000.—

b) de 1867 subventions contre garantie de notes de travail liquidées pour 370,816.40

c) de 1871 subventions contre cessions d'ordres de paiement pour travaux adjugés par des administrations publiques pour 2,880,776.90

d) de 1875 subventions garanties par des assurances sur la vie pour 201,311,20

TABLEAU IV

PRÊTS SUR L'HONNEUR

	SOCIÉTÉS DE SECOURS MUTUEL ADMISES AUX PRÊTS																		Sommes employées		MOYENNE		Notes
	Médecins	Maîtres d'école et Professeurs	Tapissiers	Travailleurs en bois	Carrine	Entre anciens combattants pour l'indépendance nationale	Cuisiniers, Cafetiers et valets de chambre	Chapeliers	Tailleurs	Boulangers	Typographes	Artisans, Négociants et exerçants une libre profession	Volontaires 1848-49	Cordonniers (*)	Coiffeurs	Agents de bureau	Union Mutuelle des Agents Industriels et commerçants	TOTAL					
0		3	4	5	8	8	11	10	11	20	24	43	23	27	—	—	—	197	10477	—	53	18	(*) Privée du benefice
1	—	3	15	6	27	5	11	26	21	81	27	61	32	54	—	—	—	319	13784	50	43	05	pour avoir manqué à ses
2	—	—	16	3	20	6	15	22	20	30	15	91	31	48	46	—	—	363	15254	—	42	02	engagements.
3	—	—	10	3	36	3	7	22	28	16	9	81	18	26	39	—	—	298	12447	—	41	77	
4	—	—	5	6	39	6	13	18	13	7	21	71	11	6	43	2	—	261	10303	—	48	81	
5	—	—	6	33	64	26	17	12	17	14	15	87	18	—	46	9	—	364	16173	—	44	43	
6	—	—	6	62	79	47	24	9	11	13	9	86	23	—	45	13	—	427	19143	60	44	83	
7	—	—	10	64	91	54	15	8	20	23	13	92	39	—	49	9	7	494	22592	—	45	73	
8	—	—	5	48	72	50	11	—	—	8	9	79	38	—	28	14	4	361	16301	—	45	15	
l	—	6	77	230	486	205	124	127	141	162	142	691	228	161	296	47	11	3,084	136425	10			

TABLEAU V.

TAUX D'ESCOMPTE ET DES INTERÊTS

DATE de la délibération			Taux d'escompte de la Banque Nationale (1)	POUR LES PRÊTS ET LES ESCOMPTES — Échéance 3 mois	4 mois	6 mois	Renouvellements	Notes	POUR LES AVANCES sur des Titres publiques avec coupons — d'État, échéance 3 mois	d'État 6 mois	Industriels, échéance 3 mois	Industriels 6 mois	Notes	Pour les comptes courants garantis par des Titres — d'État	garantis par l'État	Pour les Dépôts à intérêt — en compte courant disponible avec LIVRETS — nominatifs (3) B.e B.e	nominatifs Or	au porteur B.e B.e	A terme fixe	Au Banco-giro (4)	A Épargne (5)	Notes	POUR LES BONS NOMINATIFS DE CAISSE — Échéance de 3 à 6 mois		de 7 à 9 mois		de 10 à 12 mois		de 13 à 18 mois (6)		de 19 à 24 mois (6)	
1867	Février	6	6	6 1/2	5 1/2	6	....	....	6 1/2	7	....	....	....	....	....	5	5 1/2															
»	Juillet	10	....	....	....	....	....	....	7	7																						
1868	Octobre	20	5	5	6	6	....	Provision 1/4 % pour les prêts et escomptes, 1/2 % sur les renouvellements	6 1/2	7			Provision 1/4 %																			
1869	Mars	10	....	....	....	....	....		....	....	....	....		....	....	5	5															
»	Mai	20	5	5	5 1/2	5 3/4	....		6 1/4	6 1/4																						
»	Juillet	1	....	....	....	....	....		6	6																						
»	Octobre	15	5	5	6 1/4	6 1/4	....		6 1/4	6 1/2																						
1870	Février	3	....	....	....	....	....		....	....	....	....	....	....	....	5	4 1/2															
»	Mars	4	....	....	....	....	....		6 1/4	6 1/2	....	....	....	....	....	3	4															
»	Mai	11	....	....	....	....	....		6 1/2	6 1/2																						
»	Août	8	5	6	6 1/4	6 1/4	....		6 1/2	7	7 1/2	7 1/2																				
1871	Janvier	18	5	5 1/2	6 1/4	6 1/4																Sans déduction de l'impôt										
»	»	31	5	5	6 1/4	6 1/4																										
»	Février	21	5	5	5 1/2	6 1/4	....		6	6	7	7	....	6	6 1/2																	
»	Avril	30	....	....	....	....	....		....	....	....	....	....	....	....	....	....	....	....	2												
»	Juin	6	5	5	5 1/2	6	....		5 1/2	5 1/2	6	6	....	5 1/4	6																	
»	Juillet	10	....	....	....	....	....		....	....	....	....	....	....	....	4 1/2	4	....	....	2												
1873	Février	28	....	....	....	....	....		5	5 1/2	6	6	....	5	5 1/2																	
»	Avril	17	....	....	....	....	....		....	....	....	....	....	....	....	4 1/2	4 1/2	....	....	2												
1875	Janvier	4	....	....	....	....	....		5 1/2	6	5 1/2	6																				
1876	Février	6	....	....	....	....	....		....	....	6	6																				
»	Mars	14	5	4 3/4	5	5 1/4	....		4 3/4	5 1/2	5 1/2	6																				
»	Mai	16	....	....	....	....	....		....	....	....	....	....	....	....	4 1/2	3 1/2	....	....	3												
»	Juin	30	5	5	5	5 3/4																										
1877	Mars	15	5	5	5	6	....		5	5 1/2	6	6	....	....	....	4 1/2	3 3/4	....	....	2												
1880	Juillet	1	....	....	....	....	....	....	4	5	5 1/2	6	....	4 1/2	5	3	2 1/4	....	3 1/4	2	....	....	....	3 1/4	3 1/2	3 1/2	3 3/4	3 3/4				
»	Août	1	....	....	....	....	....	....	....	....	....	....	....	....	....	3	2 1/2	....	3 1/2	3												
»	Décembre	10	....	....	....	....	....	....	....	....	....	....	....	....	....	....	....	....	....	....	....	....	....	3 3/4	4	4	4 1/4	4 1/4				
1881	Août	1	5	5	5	6	6 1/2																									
»	Novembre	11	5	5 1/4	5 1/4	6 1/4	6 3/4	....	5	5 1/2	6	6		5	5 1/2	....	....	....	....	....	....	....	....	4	4 1/4	4 1/4	4 1/2	4 1/2				
1882	Avril	15	5	5 1/4	5 1/4	6 1/4	6 1/4						Sans provision																			
1883	Juin	11	....	....	....	....	....	....	5 1/2	5 1/2	6	6		....	....	3	2 1/2	....	3 1/2	2	....	....	....	3 3/4	4	4	4 1/4	4 1/4				
1884	Janvier	28	4 1/2	4 3/4	5 1/4	6	6 1/4	....	5	5 1/2	5 1/4	6		....	....	3	2 1/2	....	3 1/4	2	4 1/2	....	....	3 1/2	3 3/4	3 3/4	4	4				
»	Mai	12	4 1/2	4 1/2	5	6	6 1/4																									
»	Août	1	4 1/2	4 3/4	4 1/2	5 3/4	6	....	4 1/2	5	5 1/2	5 1/2	....	....	....	....	....	....	....	....	....		....	3 1/4	3 1/2	3 1/2	3 3/4	3 3/4				
1885	Janvier	2	5	4 1/4	4 1/2	5 3/4	6																									
»	»	19	5	4 3/4	5 1/4	6	6 1/4															Sans impôt ni déduction aucune										
»	Mars	14	....	....	....	....	....	Sans provision (2)	4 1/2	5	6	6																				
»	Avril	11	6	5 1/4	5 1/4	6 1/4	6 1/4		5	5 1/2	6 1/2	6 1/2	....	5	5 1/4	3	3	....	3 1/4	2	4 1/2											
»	Juin	6	5 1/2	4 3/4	5	6	6 1/4		4 1/2	5	6	6	....	4 1/2	5																	
1886	Janvier	7	5 1/2	5	5 1/4	6	6 1/4		4 3/4	5	6	6	....	4 1/2	5																	
»	Avril	24	....	....	....	....	....		....	....	....	....	....	....	....	....	....	....	....	....	....		....	3 1/2	3 1/2	3 1/2	3 3/4	3 3/4				
»	»	27	....	....	....	....	....		....	....	....	....	....	....	....	....	....	3 1/2														
»	Novembre	6	....	....	....	....	....	....	5	5 1/2	6	6	....	5	6	3	3	3 1/2	3 1/4	2	4 1/2											
»	Décembre	21	5 1/2	5 1/2	5 1/2	6 1/4	6 1/2	....	5 1/2	5 3/4	6 1/2	6 1/2	....	5 1/2	5 3/4																	
1888	Avril	11	....	....	....	....	....	....	....	....	....	....	....	....	....	....	....	....	....	....	....	....	3 1/4	3 3/4	3 1/4	3 1/2	3 3/4	3 3/4				
»	»	28	....	....	....	....	....	....	....	....	....	....	....	....	....	....	....	....	....	....	....	....	....	3 1/4	3 1/2	3 1/2	3 1/2	3 3/4	3 3/4	4	4	4 1/2	4 1/2
»	Octobre	12	....	....	....	....	....	....	....	....	....	....	....	....	....	3	2	3 1/2	3 1/2	2	4 1/2											
1889	Février	16	5 1/2	5 1/2	5 1/2	6 1/4	6 1/2																									
»	Mars	16	5	5	5	6	6 1/4	....	5	5 1/4	6 1/2	6 1/2	....	5	5 1/2	3	2	3 1/2	3 1/4	2	4 1/2											

NOTES

(1) On remarquera que le taux d'escompte pratiqué par notre Banque pour les effets à trois mois a été, seulement pendant deux ans et demi, dans le laps des 22 ans, plus élevé du taux pratiqué par la Banque Nationale.

(2) En 1877 notre Banque a été l'une des premières qui a supprimé toute sorte de provision.

(3) Avec chèques.

(4) C'est un compte d'une nature spéciale où toutes les sommes versées sont disponibles à vue sauf un minimum fixé par le Conseil qui ne peut pas être disposé qu'à la clôture.

(5) Nominatifs ou au porteur selon la volonté des déposants.

(6) Les Bons de Caisse à plus longue échéance d'une année ont étés autorisés seulement en Avril 1888.

TABLEAU VI.

DEPÔTS EN COMPTE COURANT, À EPARGNE ET BONS DE CAISSE

Années	Dépôts en compte courant disponible	Dépôts à échéance fixe	Dépôts au Bons-Giro	Dépôts à Epargne	Bons nominatifs à échéance fixe	TOTAL GÉNÉRAL — Versements (Nombre)	Versements (Sommes)		Remboursements (Nombre)	Remboursements (Sommes)		Créances (Nombre)	Créances (Sommes)	
1867	[illegible]	—	—	—	—	93	228 267	80	25	92.511	36	70	135 390	44
1868	[illegible]	—	—	—	—	380	1.401.975	00	182	863 804	33	207	574.327	93
1869	[illegible]	—	—	—	—	503	1.748.006	27	218	1.454.846	83	567	814.687	60
1870	[illegible]	—	—	—	—	548	1.958.962	10	164	1.601.854	30	554	1.349 155	41
1871	[illegible]	—	[illegible]	—	—	804	3.071.201	60	348	2 987 800	90	1.410	2.232.540	22
1872	[illegible]	—	[illegible]	—	—	324	3.255.437	67	284	3 078.058	30	1.463	2.415.010	56
1873	[illegible]	—	[illegible]	—	—	418	5.561.481	70	316	1.675.864	61	1.556	3.290.826	99
1874	[illegible]	—	[illegible]	—	—	412	5 574.640	54	295	5 048.536	70	1.079	3.745.010	48
1875	[illegible]	—	[illegible]	—	—	431	7 004.941	25	255	6.300.109	46	1.878	4.420.058	35
1876	[illegible]	—	[illegible]	—	—	401	6.928.888	96	303	6 448.267	28	1.864	4.911.311	32
1877	[illegible]	—	[illegible]	—	—	401	7.984 583	54	265	7.614.865	11	2.080	5.081,148	79
1878	[illegible]	—	[illegible]	—	—	471	7.473 083	16	255	7.189.007	93	2.270	5.322.124	98
1879	[illegible]	—	[illegible]	—	—	440	7.615.560	21	297	6.821 480	92	2.413	5.216.199	88
1880	[illegible]	[illegible]	[illegible]	[illegible]	—	363	8 133.299	18	369	7.271.850	74	2.435	4.277.629	38
1881	[illegible]	[illegible]	[illegible]	[illegible]	[illegible]	398	8 432.504	37	304	6 757.984	33	2.321	4.542 235	25
1882	[illegible]	[illegible]	[illegible]	[illegible]	[illegible]	441	6 981.548	88	455	5.850.717	35	2.530	4.473.273	71
1883	[illegible]	[illegible]	[illegible]	[illegible]	[illegible]	446	8.588.846	26	630	7.315.567	39	2.478	5.217,128	65
1884	[illegible]	[illegible]	[illegible]	[illegible]	[illegible]	888	6.381.147	18	534	6.047 723	31	2.782	5.360.551	60
1885	[illegible]	[illegible]	[illegible]	[illegible]	[illegible]	865	6.816.201	05	427	5.966.500	18	2.346	5.456.379	66
1886	[illegible]	[illegible]	[illegible]	[illegible]	[illegible]	815	6.623.080	65	476	8.556.853	14	2.783	5.507.426	92
1887	[illegible]	[illegible]	[illegible]	[illegible]	[illegible]	753	8.430 935	88	544	8.644.224	68	2.850	5 882.136	87
1888	[illegible]	[illegible]	[illegible]	[illegible]	[illegible]	562	8.722 175	30	536	8.253 218	75	2.886	6.352.361	90
	[illegible]	[illegible]	[illegible]	[illegible]	[illegible]	10.590	132.075.615	69	7.945	125 813.253	72			

Notes

[illegible]

TABLEAU VII

PROFITS, FRAIS ET PERTES

ANNÉES	PROFITS							FRAIS ET PERTES							RÉPARTITION DES BÉNÉFICES NETS						Dividende réparti aux actionnaires	Notes
															Article 29 des statuts							
	Réescompte du Portefeuille	Intérêts sur les escomptes et prêts	Intérêts sur les avances sur Titres	Arrérages sur les valeurs publiques	Intérêts sur dépôts en compte courant	Commissions et divers	TOTAL	Taxes et impôts	Réescompte portefeuille aux exercices suivants	Intérêts sur les dépôts et bons de caisse	Traitements du personnel	Divers	Pertes	TOTAL	70 % aux actionnaires	20 % au fond de réserve ordinaire	10 % au Conseil pour répartir aux employés et à la caisse de prévoyance	Prélèvements pour des œuvres de bienfaisance, prévoyance et d'utilité publique	Fond de réserve extraordinaire	TOTAL		
1867	—	4708 49	8508 25	405 —	—	327 11	9,026 85	222 75	—	2340 80	1734 —	2381 62	—	6,081 65	1610 04	488 81	234 42	—	—	2,344 20	7 50	(*) C'est la première année que l'on a commencé à accréditer chaque exercice du réescompte.
1868	—	29655 46	6580 50	6297 60	507 81	816 14	34,092 91	1240 43	—	16951 30	2729 50	3001 71	500 —	25,083 63	6309 85	1800 —	900 —	100 —	—	9,009 86	14 —	
1869	—	43926 07	10801 40	3702 95	671 14	918 00	60,110 16	130 —	—	40780 35	4061 —	6616 00	—	51,107 90	6222 96	1700 60	898 75	80 —	—	9,002 21	7 50	
1870	—	16204 56	22010 77	14817 65	1864 95	1716 98	85,814 08	248 18	—	51091 02	5365 —	9437 21	3094 82	70,126 36	10515 78	3423 17	1548 77	—	—	15,487 72	9 04	
1871	—	72847 01	2020 81	10078 75	5818 37	5447 80	113,220 83	4457 60	18932 90	55568 53	7059 45	6722 43	180 —	93,150 81	13930 59	4001 40	2000 70	137 —	—	20,069 99	10 24	
1872	(*)15252 00	101586 47	10762 20	4093 85	3120 16	1652 06	141,047 92	4580 64	25746 24	50752 17	8748 65	7750 87	636 —	98,173 47	29860 87	8674 76	4287 38	180 91	—	42,875 95	12 —	
1873	25746 24	165202 00	21983 53	4801 15	3615 80	7288 80	228,872 92	10888 88	35936 43	72233 70	10550 —	14218 35	18185 72	163,813 17	42048 86	12013 90	6006 96	490 22	—	60,559 72	9 24	
1874	35936 43	196241 57	26125 72	9801 13	11041 71	12229 72	290,672 31	16926 93	33264 01	117701 67	13450 —	17006 00	8411 46	209,266 67	56041 27	16188 20	8091 60	490 57	—	81,406 64	9 00	
1875	38264 01	239093 81	33570 13	38217 31	15150 13	8719 76	306,053 05	25252 09	36060 95	163971 54	14516 —	19618 56	5502 —	264,085 64	70181 28	20137 50	10068 75	381 42	—	101,064 96	10 24	
1876	36060 85	255506 37	36105 59	35030 13	19605 73	19682 64	412,900 31	36151 60	39573 71	179440 [illegible]	15697 —	25315 73	4820 97	300,406 93	78146 75	22418 34	11206 67	523 64	—	112,500 35	10 24	
1877	39573 71	251090 57	30270 54	10676 03	11580 45	22637 75	414,674 45	42389 51	41040 01	190560 51	22407 10	35845 39	11790 56	334,834 06	70776 28	21936 06	10968 03	360 —	—	110,040 37	8 96	
1878	41046 01	319048 08	21102 42	51158 78	11856 55	34361 05	482,851 30	35210 63	43649 60	191712 84	22529 23	40088 83	35083 79	362,045 01	88172 47	23849 28	11924 63	1560 —	—	120,806 38	9 —	
1879	43612 06	288717 35	22024 98	66077 90	4000 42	71161 24	513,181 57	39577 01	37914 60	188080 42	22843 20	25576 93	139801 27	457,733 43	48910 84	—	5434 48	1323 32	—	55,668 14	5 —	
1880	37914 60	257038 40	12020 65	67107 12	9091 98	9774 58	396,147 58	39181 14	31509 11	170899 80	25025 56	26803 39	18172 35	314,681 34	70943 02	—	7882 02	1610 —	—	80,160 24	7 04	
1881	31509 11	225238 30	14000 75	60403 74	9112 30	30826 20	378,155 40	32048 33	31173 44	145989 11	25722 57	34074 01	28149 43	297,158 70	71519 14	—	7946 57	1530 99	—	80,996 70	7 94	
1882	31173 44	229717 18	24211 27	71540 52	17379 38	13705 18	390,817 97	33205 52	28862 20	149629 55	26434 44	33813 64	1590 35	272,835 70	85981 46	—	5553 49	2247 27	20200 —	117,982 42	8 50	
1883	28362 70	236851 67	33815 76	78434 03	16480 38	10868 03	404,302 34	28091 16	28881 70	161668 50	29361 06	37430 16	16606 76	301,501 34	91221 —	—	10136 —	1440 —	—	102,800 —	9 —	
1884	28384 70	253820 26	29810 70	92401 77	22092 00	16779 19	410,660 68	32613 34	30277 08	181113 19	28100 —	26811 18	16802 94	318,468 63	81204 25	—	9090 80	2000 —	5000 —	97,995 05	8 —	
1885	30277 08	237728 82	17410 97	104160 61	11740 48	4155 56	405,772 65	34692 50	31220 91	170061 19	28318 95	26791 42	15628 72	311,597 10	82967 —	—	9218 55	2000 —	—	94,185 55	8 —	
1886	31220 91	264726 87	19023 61	65207 15	2408 05	18113 30	422,100 69	33236 34	39630 10	176083 92	28371 28	20673 57	25502 38	321,500 59	89001 87	—	9896 43	1800 —	—	100,701 80	8 50	
1887	30630 10	262304 50	22236 95	85806 05	7188 79	9882 33	438,107 11	29732 81	31831 72	187018 10	29509 04	29335 06	27770 39	329,721 97	91105 16	—	10129 10	2500 —	4500 52	104,385 14	8 50	
1888	31831 72	293004 79	15040 03	99520 12	13697 22	19615 21	464,172 09	34459 81	32571 —	185130 20	26347 31	32018 72	31724 03	348,679 77	97009 22	—	10886 40	2500 —	4287 64	115,592 32	9 —	

TABLEAU VIII.

SOMMES ALLOUÉES POUR DES OEUVRES DE BIENFAISANCE PRÉVOYANTE ET D'UTILITÉ PUBLIQUE

ANNÉES	Prime d'encouragement aux petits épargnes à faveur des ouvriers qui en fait des cepôts.	Donations à la Congrégation de Charité de la ville de Padoue.	Deux Bourses pendant trois ans au profit d'un orphelin de la Maison d'Asile et d'un fils d'un associé de la Banque pour l'*Institut Agricole de Brusegana.*	Prix au profit des associés ou fils d'associés de la Banque qui fréquentent l'École Provinciale professionelle et qui se signalent d'avantage par leur conduite, leur application, et les classes obtenues.	Frais d'installation d'une salle de travail pour les Machines à coudre pour des ouvrières pauvres de la Ville.	Capital qui sert de garantie pour les prêts sur l'honneur.	Frais pour instituer une Laiterie dans le but de garantir la vente du lait sain et non falsifié.	Quatre Bourses pendant trois ans aux *Ospizi Marini* pour envoyer aux bains de mer des enfants de préférence associés ou fils d'associés de la Banque.	Capital pour l'achat d'actions de la Banque à faveur d'agriculteurs pauvres de la Province de Padoue.	Capital pour l'achat de Primes d'Assurance pour les ouvriers de la Ville contre les accidents pendant les travaux.	Prix ou Concours régional d'Agriculture à Vérone pour ceux qui produiront la meilleure et en même temps la moins coûteuse formule de contrat de cession de notes de travaux liquidé.	Concors accordé à la Société des anciens combattans des batailles nationales pour la construction d'une seconde maison ouvrière.	Prix accordés à la Société de secours mutuel entre Agents de Commerce et Agents industriels au profit des élèves les plus distingués des écoles du soir.	TOTAL
1868	180 —	....	....	....	....	....	....	....	....	....	....	....	....	180 —
1869	80 —	....	....	....	....	....	....	....	....	....	....	....	....	80 —
1871	....	137 —	....	....	....	....	....	....	....	....	....	....	....	137 —
1872	....	150 91	....	....	....	....	....	....	....	....	....	....	....	150 91
1877	....	....	2075 —	360 —	....	....	....	....	....	....	....	....	....	2,435 —
1878	....	....	....	360 —	1200 —	....	....	....	....	....	....	....	....	1,560 —
1879	....	....	....	360 —	702 90	1000 —	....	....	....	....	....	....	....	2,062 90
1880	....	....	....	240 —	....	104 73	....	....	....	....	....	....	....	344 73
1881	....	....	....	240 —	....	1209 99	....	....	....	....	....	....	....	1,449 99
1882	....	....	....	240 —	....	1007 27	4000 —	1000 —	....	....	....	....	....	6,247 27
1883	....	....	....	240 —	....	1200 —	6180 60	....	....	....	....	....	....	7,620 60
1884	....	....	....	240 —	....	....	....	....	1800 —	460 —	....	....	....	2,000 —
1885	....	....	....	240 —	....	....	....	....	....	1010 —	....	....	....	1,250 —
1886	....	....	....	240 —	....	560 —	....	....	....	1000 —	....	....	....	1,800 —
1887	....	....	....	250 —	....	500 —	....	....	....	1000 —	....	....	....	1,750 —
1888	....	....	....	240 —	....	500 —	....	....	....	500 —	250 —	100 —	160 —	1,750 —
Total	260 —	287 91	2075	3250 —	1902 90	6081 99	10180 60	1000 —	1300 —	3970 —	250 —	100 —	160 —	30,818 40

TABLEAU IX

CAISSE DE PRÉVOYANCE POUR LES EMPLOYÉS ET GARÇONS DE SERVICE DE LA BANQUE

PROVENANCES DU CAPITAL	1876	1877	1878	1879	1880	1881	1882	1883	1884	1885	1886	1887	1888	TOTAL
Capital de dotation assigné par l'Assemblée du 18 Février 1877	6827 33	....	....	....	....	....	....	....	....	....	....	....	....	6,877 77
Prélèvement 20 % sur les augmentations des honoraires (Art. 5 Règ.t)	1270 —	1323 60	1360 05	1991 [illegible]	1410 48	1653 57	1765 64	2150 51	2253 12	2808 28	2518 80	2889 78	2472 70	24.693 25
Quote-part assignée sur le 10 % des bénéfices (Art. 29 des Statuts de la Banque)	9752 48	9317 23	10136 10	4879 11	6061 36	5813 54	8577 85	9101 10	8170 95	8277 55	9057 90	9068 88	9627 —	108,421 38
Intérêts capitalisés	....	851 50	1510 80	2331 77	2722 36	3275 44	3694 24	4153 12	3047 25	1080 37	4063 17	5019 18	5670 13	41,841 72
Donations des Associés (Art. 4 Règ.t)	....	30 —	....	....	....	....	....	15 —	15 —	15 —	15 —	15 —	15 —	120 —
Dividendes déchus (Art. 54 des Statuts de la Banque)	....	....	....	....	....	....	....	....	....	....	....	1467 61	196 38	1,658 99
Total des versements	17529 01	11755 42	13020 50	8512 19	10511 20	10772 56	13985 13	15400 06	14896 33	11711 20	16275 33	16405 95	17060 51	183.262 67
Résidu 1876		17529 01												
Résidu 1877			29275 18											
Résidu 1878				42295 98										
Résidu 1879					50808 42									
Résidu 1880						61332 62								
(*) Liquidations						3663 52								3.663 52
Résidu 1881							68461 65							
Résidu 1882								82166 78						
(*) Liquidations								11463 75						11.463 75
Résidu 1883									86363 09					
(*) Liquidations									20135 54					20,432 54
Résidu 1884										80815 87				
(*) Liquidations										874 52				874 52
Résidu 1885											91152 86			
(*) Liquidations											5608 02			5.608 02
Résidu 1886												101822 80		
(*) Liquidations												1758 54		4.758 54
Résidu 1887													115479 27	
Résidu 1888														136.160 78

PLACEMENT DU PATRIMOINE

ANNÉES	Titres à valeur nominale – Consolidé Italien 3 %	Consolidé Italien 5 %	[illegible]	Compte courant à intérêt
1876	—	—	—	17529 01
1877	23000	—	5000 —	1879 62
1878	16100	—	7500	18561 12
1879	63000	—	12000 —	8871 22
1880	79100	—	12500 —	10011 17
1881	89000	—	15500 —	7911 88
1882	100000	—	15500 —	13000 06
1883	119000	—	15500 —	5708 78
1884	107200	—	13000 —	8106 63
1885	122200	—	15000 —	11859 14
1886	122900	16000	14200 —	6741 48
1887	118400	21400 —	13000 —	18116 06
1888	118100	37000 —	13600 —	11176 58

(*) DÉTAIL DES LIQUIDATIONS

Date de la liquidation	Emploi	Causes de la liquidation	Années de service	CRÉDIT – Acquis	CRÉDIT – Conditionné	CRÉDIT – Total	[illegible]	[illegible]	[illegible]
1881	Écrivain 2e	Décédé	9	267 49	3396 03	3663 52	— —	3663 52	3772 18
1883	»	Congédié pour maladie	11	452 57	3541 15	3993 72	..	3993 72	4228 79
1883	Sous Directeur	Congédié volontairement	9	2638 86	8831 17	11470 03	4000 —	7470 03	8309 88
1884	Caissier	Décédé	15	1939 25	14657 36	16589 61		16589 61	18028 96
1884	Écrivain 2e	Congédié volontairement	5	316 70	880 63	1197 33	— —	1197 33	1358 30
1885	» 1e	»	8	852 64	4571 36	[illegible]	1780 00	3646 00	3902 71
1885	» 2e	»	7	187 05	1690 32	1877 37	1002 85	874 52	987 63
1886	Comptable	»	15	1190 60	7102 37	8292 97	2684 95	5608 02	6483 75
1887	Garçon de service	Décédé	11	302 45	4215 80	4518 25	— —	4518 25	5161 37
1887	Écrivain 2	Congédié volontairement	3	239 34	112 30	351 64	111 35	240 29	257 42
			Total	8856 95	48024 69		10175 75		52211 74
					Total	56981 64		46801 89	

TABLEAU X.

SITUATION FINANCIÈRE À LA FIN DE CHAQUE EXERCICE

ACTIF	1867	1868	1869	1870	1871	1872	1873	1874	1875	1876	1877	1878	1879	1880	1881	1882	1883	1884	1885	1886	1887	1888
1 Numéraire en caisse [illegible]	[illegible]	[illegible]	[illegible]	[illegible]	[illegible]	[illegible]	[illegible]	[illegible]	[illegible]	[illegible]	[illegible]	[illegible]	[illegible]	[illegible]	[illegible]	[illegible]	[illegible]	[illegible]	[illegible]	[illegible]	[illegible]	[illegible]
2 Comptes-courants disponibles à vue	[illegible]	[illegible]	[illegible]	[illegible]	[illegible]	[illegible]	[illegible]	[illegible]	[illegible]	[illegible]	[illegible]	[illegible]	[illegible]	[illegible]	[illegible]	[illegible]	[illegible]	[illegible]	[illegible]	[illegible]	[illegible]	[illegible]
3 Portefeuille: Effets escomptés	[illegible]	[illegible]	[illegible]	[illegible]	[illegible]	[illegible]	[illegible]	[illegible]	[illegible]	[illegible]	[illegible]	[illegible]	[illegible]	[illegible]	[illegible]	[illegible]	[illegible]	[illegible]	[illegible]	[illegible]	[illegible]	[illegible]
4 Obligations avec garanties spéciales	[illegible]	[illegible]	[illegible]	[illegible]	[illegible]	[illegible]	[illegible]	[illegible]	[illegible]	[illegible]	[illegible]	[illegible]	[illegible]	[illegible]	[illegible]	[illegible]	[illegible]	[illegible]	[illegible]	[illegible]	[illegible]	[illegible]
5 [illegible]	[illegible]	[illegible]	[illegible]	[illegible]	[illegible]	[illegible]	[illegible]	[illegible]	[illegible]	[illegible]	[illegible]	[illegible]	[illegible]	[illegible]	[illegible]	[illegible]	[illegible]	[illegible]	[illegible]	[illegible]	[illegible]	[illegible]
6 [illegible]	[illegible]	[illegible]	[illegible]	[illegible]	[illegible]	[illegible]	[illegible]	[illegible]	[illegible]	[illegible]	[illegible]	[illegible]	[illegible]	[illegible]	[illegible]	[illegible]	[illegible]	[illegible]	[illegible]	[illegible]	[illegible]	[illegible]
7 [illegible]	[illegible]	[illegible]	[illegible]	[illegible]	[illegible]	[illegible]	[illegible]	[illegible]	[illegible]	[illegible]	[illegible]	[illegible]	[illegible]	[illegible]	[illegible]	[illegible]	[illegible]	[illegible]	[illegible]	[illegible]	[illegible]	[illegible]
8 Avances sur fonds publiques	[illegible]	[illegible]	[illegible]	[illegible]	[illegible]	[illegible]	[illegible]	[illegible]	[illegible]	[illegible]	[illegible]	[illegible]	[illegible]	[illegible]	[illegible]	[illegible]	[illegible]	[illegible]	[illegible]	[illegible]	[illegible]	[illegible]
9 Comptes courants garantis par des valeurs publiques	[illegible]	[illegible]	[illegible]	[illegible]	[illegible]	[illegible]	[illegible]	[illegible]	[illegible]	[illegible]	[illegible]	[illegible]	[illegible]	[illegible]	[illegible]	[illegible]	[illegible]	[illegible]	[illegible]	[illegible]	[illegible]	[illegible]
10 Valeurs publiques de propriété de la Banque: Titres de l'État	[illegible]	[illegible]	[illegible]	[illegible]	[illegible]	[illegible]	[illegible]	[illegible]	[illegible]	[illegible]	[illegible]	[illegible]	[illegible]	[illegible]	[illegible]	[illegible]	[illegible]	[illegible]	[illegible]	[illegible]	[illegible]	[illegible]
11 garanties par l'État	[illegible]	[illegible]	[illegible]	[illegible]	[illegible]	[illegible]	[illegible]	[illegible]	[illegible]	[illegible]	[illegible]	[illegible]	[illegible]	[illegible]	[illegible]	[illegible]	[illegible]	[illegible]	[illegible]	[illegible]	[illegible]	[illegible]
12 par les Provinces et les Communes	[illegible]	[illegible]	[illegible]	[illegible]	[illegible]	[illegible]	[illegible]	[illegible]	[illegible]	[illegible]	[illegible]	[illegible]	[illegible]	[illegible]	[illegible]	[illegible]	[illegible]	[illegible]	[illegible]	[illegible]	[illegible]	[illegible]
13 divers	[illegible]	[illegible]	[illegible]	[illegible]	[illegible]	[illegible]	[illegible]	[illegible]	[illegible]	[illegible]	[illegible]	[illegible]	[illegible]	[illegible]	[illegible]	[illegible]	[illegible]	[illegible]	[illegible]	[illegible]	[illegible]	[illegible]
14 [illegible]	[illegible]	[illegible]	[illegible]	[illegible]	[illegible]	[illegible]	[illegible]	[illegible]	[illegible]	[illegible]	[illegible]	[illegible]	[illegible]	[illegible]	[illegible]	[illegible]	[illegible]	[illegible]	[illegible]	[illegible]	[illegible]	[illegible]
15 Immeubles	[illegible]	[illegible]	[illegible]	[illegible]	[illegible]	[illegible]	[illegible]	[illegible]	[illegible]	[illegible]	[illegible]	[illegible]	[illegible]	[illegible]	[illegible]	[illegible]	[illegible]	[illegible]	[illegible]	[illegible]	[illegible]	[illegible]
16 Immeubles [illegible] Effets en souffrance	[illegible]	[illegible]	[illegible]	[illegible]	[illegible]	[illegible]	[illegible]	[illegible]	[illegible]	[illegible]	[illegible]	[illegible]	[illegible]	[illegible]	[illegible]	[illegible]	[illegible]	[illegible]	[illegible]	[illegible]	[illegible]	[illegible]
17 Effets en souffrance	[illegible]	[illegible]	[illegible]	[illegible]	[illegible]	[illegible]	[illegible]	[illegible]	[illegible]	[illegible]	[illegible]	[illegible]	[illegible]	[illegible]	[illegible]	[illegible]	[illegible]	[illegible]	[illegible]	[illegible]	[illegible]	[illegible]
18 [illegible] en souffrance	[illegible]	[illegible]	[illegible]	[illegible]	[illegible]	[illegible]	[illegible]	[illegible]	[illegible]	[illegible]	[illegible]	[illegible]	[illegible]	[illegible]	[illegible]	[illegible]	[illegible]	[illegible]	[illegible]	[illegible]	[illegible]	[illegible]
19 [illegible]	[illegible]	[illegible]	[illegible]	[illegible]	[illegible]	[illegible]	[illegible]	[illegible]	[illegible]	[illegible]	[illegible]	[illegible]	[illegible]	[illegible]	[illegible]	[illegible]	[illegible]	[illegible]	[illegible]	[illegible]	[illegible]	[illegible]
20 [illegible]	[illegible]	[illegible]	[illegible]	[illegible]	[illegible]	[illegible]	[illegible]	[illegible]	[illegible]	[illegible]	[illegible]	[illegible]	[illegible]	[illegible]	[illegible]	[illegible]	[illegible]	[illegible]	[illegible]	[illegible]	[illegible]	[illegible]
21 [illegible]	[illegible]	[illegible]	[illegible]	[illegible]	[illegible]	[illegible]	[illegible]	[illegible]	[illegible]	[illegible]	[illegible]	[illegible]	[illegible]	[illegible]	[illegible]	[illegible]	[illegible]	[illegible]	[illegible]	[illegible]	[illegible]	[illegible]
22 [illegible] du siège de la Banque	[illegible]	[illegible]	[illegible]	[illegible]	[illegible]	[illegible]	[illegible]	[illegible]	[illegible]	[illegible]	[illegible]	[illegible]	[illegible]	[illegible]	[illegible]	[illegible]	[illegible]	[illegible]	[illegible]	[illegible]	[illegible]	[illegible]
23 Effets à encaisser	[illegible]	[illegible]	[illegible]	[illegible]	[illegible]	[illegible]	[illegible]	[illegible]	[illegible]	[illegible]	[illegible]	[illegible]	[illegible]	[illegible]	[illegible]	[illegible]	[illegible]	[illegible]	[illegible]	[illegible]	[illegible]	[illegible]
24 [illegible] des billets de la Banque Romaine [illegible]	[illegible]	[illegible]	[illegible]	[illegible]	[illegible]	[illegible]	[illegible]	[illegible]	[illegible]	[illegible]	[illegible]	[illegible]	[illegible]	[illegible]	[illegible]	[illegible]	[illegible]	[illegible]	[illegible]	[illegible]	[illegible]	[illegible]
25 [illegible]	[illegible]	[illegible]	[illegible]	[illegible]	[illegible]	[illegible]	[illegible]	[illegible]	[illegible]	[illegible]	[illegible]	[illegible]	[illegible]	[illegible]	[illegible]	[illegible]	[illegible]	[illegible]	[illegible]	[illegible]	[illegible]	[illegible]
26 Dépôts: pour garantie	[illegible]	[illegible]	[illegible]	[illegible]	[illegible]	[illegible]	[illegible]	[illegible]	[illegible]	[illegible]	[illegible]	[illegible]	[illegible]	[illegible]	[illegible]	[illegible]	[illegible]	[illegible]	[illegible]	[illegible]	[illegible]	[illegible]
27 en garde	[illegible]	[illegible]	[illegible]	[illegible]	[illegible]	[illegible]	[illegible]	[illegible]	[illegible]	[illegible]	[illegible]	[illegible]	[illegible]	[illegible]	[illegible]	[illegible]	[illegible]	[illegible]	[illegible]	[illegible]	[illegible]	[illegible]
28 en administration	[illegible]	[illegible]	[illegible]	[illegible]	[illegible]	[illegible]	[illegible]	[illegible]	[illegible]	[illegible]	[illegible]	[illegible]	[illegible]	[illegible]	[illegible]	[illegible]	[illegible]	[illegible]	[illegible]	[illegible]	[illegible]	[illegible]
TOTAL	[illegible]	[illegible]	[illegible]	[illegible]	[illegible]	[illegible]	[illegible]	[illegible]	[illegible]	[illegible]	[illegible]	[illegible]	[illegible]	[illegible]	[illegible]	[illegible]	[illegible]	[illegible]	[illegible]	[illegible]	[illegible]	[illegible]

PASSIF	1867	1868	1869	1870	1871	1872	1873	1874	1875	1876	1877	1878	1879	1880	1881	1882	1883	1884	1885	1886	1887	1888
1 Capital actions	[illegible]	[illegible]	[illegible]	[illegible]	[illegible]	[illegible]	[illegible]	[illegible]	[illegible]	[illegible]	[illegible]	[illegible]	[illegible]	[illegible]	[illegible]	[illegible]	[illegible]	[illegible]	[illegible]	[illegible]	[illegible]	[illegible]
2 Fonds de Réserve: ordinaire	[illegible]	[illegible]	[illegible]	[illegible]	[illegible]	[illegible]	[illegible]	[illegible]	[illegible]	[illegible]	[illegible]	[illegible]	[illegible]	[illegible]	[illegible]	[illegible]	[illegible]	[illegible]	[illegible]	[illegible]	[illegible]	[illegible]
3 extraordinaire	[illegible]	[illegible]	[illegible]	[illegible]	[illegible]	[illegible]	[illegible]	[illegible]	[illegible]	[illegible]	[illegible]	[illegible]	[illegible]	[illegible]	[illegible]	[illegible]	[illegible]	[illegible]	[illegible]	[illegible]	[illegible]	[illegible]
4 [illegible] des Valeurs	[illegible]	[illegible]	[illegible]	[illegible]	[illegible]	[illegible]	[illegible]	[illegible]	[illegible]	[illegible]	[illegible]	[illegible]	[illegible]	[illegible]	[illegible]	[illegible]	[illegible]	[illegible]	[illegible]	[illegible]	[illegible]	[illegible]
5 [illegible]	[illegible]	[illegible]	[illegible]	[illegible]	[illegible]	[illegible]	[illegible]	[illegible]	[illegible]	[illegible]	[illegible]	[illegible]	[illegible]	[illegible]	[illegible]	[illegible]	[illegible]	[illegible]	[illegible]	[illegible]	[illegible]	[illegible]
6 [illegible]	[illegible]	[illegible]	[illegible]	[illegible]	[illegible]	[illegible]	[illegible]	[illegible]	[illegible]	[illegible]	[illegible]	[illegible]	[illegible]	[illegible]	[illegible]	[illegible]	[illegible]	[illegible]	[illegible]	[illegible]	[illegible]	[illegible]
7 [illegible]	[illegible]	[illegible]	[illegible]	[illegible]	[illegible]	[illegible]	[illegible]	[illegible]	[illegible]	[illegible]	[illegible]	[illegible]	[illegible]	[illegible]	[illegible]	[illegible]	[illegible]	[illegible]	[illegible]	[illegible]	[illegible]	[illegible]
8 [illegible]	[illegible]	[illegible]	[illegible]	[illegible]	[illegible]	[illegible]	[illegible]	[illegible]	[illegible]	[illegible]	[illegible]	[illegible]	[illegible]	[illegible]	[illegible]	[illegible]	[illegible]	[illegible]	[illegible]	[illegible]	[illegible]	[illegible]
9 [illegible]	[illegible]	[illegible]	[illegible]	[illegible]	[illegible]	[illegible]	[illegible]	[illegible]	[illegible]	[illegible]	[illegible]	[illegible]	[illegible]	[illegible]	[illegible]	[illegible]	[illegible]	[illegible]	[illegible]	[illegible]	[illegible]	[illegible]
10 Correspondants [illegible]	[illegible]	[illegible]	[illegible]	[illegible]	[illegible]	[illegible]	[illegible]	[illegible]	[illegible]	[illegible]	[illegible]	[illegible]	[illegible]	[illegible]	[illegible]	[illegible]	[illegible]	[illegible]	[illegible]	[illegible]	[illegible]	[illegible]
11 Compte de la Caisse de [illegible]	[illegible]	[illegible]	[illegible]	[illegible]	[illegible]	[illegible]	[illegible]	[illegible]	[illegible]	[illegible]	[illegible]	[illegible]	[illegible]	[illegible]	[illegible]	[illegible]	[illegible]	[illegible]	[illegible]	[illegible]	[illegible]	[illegible]
12 [illegible]	[illegible]	[illegible]	[illegible]	[illegible]	[illegible]	[illegible]	[illegible]	[illegible]	[illegible]	[illegible]	[illegible]	[illegible]	[illegible]	[illegible]	[illegible]	[illegible]	[illegible]	[illegible]	[illegible]	[illegible]	[illegible]	[illegible]
13 Dividendes à payer	[illegible]	[illegible]	[illegible]	[illegible]	[illegible]	[illegible]	[illegible]	[illegible]	[illegible]	[illegible]	[illegible]	[illegible]	[illegible]	[illegible]	[illegible]	[illegible]	[illegible]	[illegible]	[illegible]	[illegible]	[illegible]	[illegible]
14 Taxes et impôts à payer	[illegible]	[illegible]	[illegible]	[illegible]	[illegible]	[illegible]	[illegible]	[illegible]	[illegible]	[illegible]	[illegible]	[illegible]	[illegible]	[illegible]	[illegible]	[illegible]	[illegible]	[illegible]	[illegible]	[illegible]	[illegible]	[illegible]
15 [illegible]	[illegible]	[illegible]	[illegible]	[illegible]	[illegible]	[illegible]	[illegible]	[illegible]	[illegible]	[illegible]	[illegible]	[illegible]	[illegible]	[illegible]	[illegible]	[illegible]	[illegible]	[illegible]	[illegible]	[illegible]	[illegible]	[illegible]
16 [illegible]	[illegible]	[illegible]	[illegible]	[illegible]	[illegible]	[illegible]	[illegible]	[illegible]	[illegible]	[illegible]	[illegible]	[illegible]	[illegible]	[illegible]	[illegible]	[illegible]	[illegible]	[illegible]	[illegible]	[illegible]	[illegible]	[illegible]
17 [illegible] de la Banque Romaine	[illegible]	[illegible]	[illegible]	[illegible]	[illegible]	[illegible]	[illegible]	[illegible]	[illegible]	[illegible]	[illegible]	[illegible]	[illegible]	[illegible]	[illegible]	[illegible]	[illegible]	[illegible]	[illegible]	[illegible]	[illegible]	[illegible]
18 [illegible]	[illegible]	[illegible]	[illegible]	[illegible]	[illegible]	[illegible]	[illegible]	[illegible]	[illegible]	[illegible]	[illegible]	[illegible]	[illegible]	[illegible]	[illegible]	[illegible]	[illegible]	[illegible]	[illegible]	[illegible]	[illegible]	[illegible]
19 [illegible]	[illegible]	[illegible]	[illegible]	[illegible]	[illegible]	[illegible]	[illegible]	[illegible]	[illegible]	[illegible]	[illegible]	[illegible]	[illegible]	[illegible]	[illegible]	[illegible]	[illegible]	[illegible]	[illegible]	[illegible]	[illegible]	[illegible]
20 [illegible]	[illegible]	[illegible]	[illegible]	[illegible]	[illegible]	[illegible]	[illegible]	[illegible]	[illegible]	[illegible]	[illegible]	[illegible]	[illegible]	[illegible]	[illegible]	[illegible]	[illegible]	[illegible]	[illegible]	[illegible]	[illegible]	[illegible]
21 Déposants: [illegible]	[illegible]	[illegible]	[illegible]	[illegible]	[illegible]	[illegible]	[illegible]	[illegible]	[illegible]	[illegible]	[illegible]	[illegible]	[illegible]	[illegible]	[illegible]	[illegible]	[illegible]	[illegible]	[illegible]	[illegible]	[illegible]	[illegible]
22 en garde	[illegible]	[illegible]	[illegible]	[illegible]	[illegible]	[illegible]	[illegible]	[illegible]	[illegible]	[illegible]	[illegible]	[illegible]	[illegible]	[illegible]	[illegible]	[illegible]	[illegible]	[illegible]	[illegible]	[illegible]	[illegible]	[illegible]
23 en administration	[illegible]	[illegible]	[illegible]	[illegible]	[illegible]	[illegible]	[illegible]	[illegible]	[illegible]	[illegible]	[illegible]	[illegible]	[illegible]	[illegible]	[illegible]	[illegible]	[illegible]	[illegible]	[illegible]	[illegible]	[illegible]	[illegible]
TOTAL	[illegible]	[illegible]	[illegible]	[illegible]	[illegible]	[illegible]	[illegible]	[illegible]	[illegible]	[illegible]	[illegible]	[illegible]	[illegible]	[illegible]	[illegible]	[illegible]	[illegible]	[illegible]	[illegible]	[illegible]	[illegible]	[illegible]
1 [illegible]	[illegible]	[illegible]	[illegible]	[illegible]	[illegible]	[illegible]	[illegible]	[illegible]	[illegible]	[illegible]	[illegible]	[illegible]	[illegible]	[illegible]	[illegible]	[illegible]	[illegible]	[illegible]	[illegible]	[illegible]	[illegible]	[illegible]
2 [illegible]	[illegible]	[illegible]	[illegible]	[illegible]	[illegible]	[illegible]	[illegible]	[illegible]	[illegible]	[illegible]	[illegible]	[illegible]	[illegible]	[illegible]	[illegible]	[illegible]	[illegible]	[illegible]	[illegible]	[illegible]	[illegible]	[illegible]
3 [illegible]	[illegible]	[illegible]	[illegible]	[illegible]	[illegible]	[illegible]	[illegible]	[illegible]	[illegible]	[illegible]	[illegible]	[illegible]	[illegible]	[illegible]	[illegible]	[illegible]	[illegible]	[illegible]	[illegible]	[illegible]	[illegible]	[illegible]
4 [illegible]	[illegible]	[illegible]	[illegible]	[illegible]	[illegible]	[illegible]	[illegible]	[illegible]	[illegible]	[illegible]	[illegible]	[illegible]	[illegible]	[illegible]	[illegible]	[illegible]	[illegible]	[illegible]	[illegible]	[illegible]	[illegible]	[illegible]
5 [illegible]	[illegible]	[illegible]	[illegible]	[illegible]	[illegible]	[illegible]	[illegible]	[illegible]	[illegible]	[illegible]	[illegible]	[illegible]	[illegible]	[illegible]	[illegible]	[illegible]	[illegible]	[illegible]	[illegible]	[illegible]	[illegible]	[illegible]
BILAN	[illegible]	[illegible]	[illegible]	[illegible]	[illegible]	[illegible]	[illegible]	[illegible]	[illegible]	[illegible]	[illegible]	[illegible]	[illegible]	[illegible]	[illegible]	[illegible]	[illegible]	[illegible]	[illegible]	[illegible]	[illegible]	[illegible]
[illegible]	[illegible]	[illegible]	[illegible]	[illegible]	[illegible]	[illegible]	[illegible]	[illegible]	[illegible]	[illegible]	[illegible]	[illegible]	[illegible]	[illegible]	[illegible]	[illegible]	[illegible]	[illegible]	[illegible]	[illegible]	[illegible]	[illegible]
[illegible]	[illegible]	[illegible]	[illegible]	[illegible]	[illegible]	[illegible]	[illegible]	[illegible]	[illegible]	[illegible]	[illegible]	[illegible]	[illegible]	[illegible]	[illegible]	[illegible]	[illegible]	[illegible]	[illegible]	[illegible]	[illegible]	[illegible]